Olga Ritchie

SPACE

Bilingual English-Russian Book For Children

КОСМОС

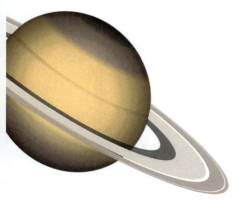

What is astronomy?
Что такое астрономия?

Have you ever looked up at the sky and wondered what is up there? For thousands of years, people have asked questions about what is out there far away in the sky, why the stars are shining, what other amazing things float around among the stars. We now know a lot about what is out there in space thanks to astronomy.

Ты когда-нибудь смотрел на небо, задавая себе вопрос, что же там такое? На протяжении тысяч лет люди искали ответы на вопросы о том, что там высоко в небе, почему звёзды светят, и что за удивительные предметы плавают вокруг звёзд. Сегодня мы много знаем о том, что находится в космосе и это все благодаря астрономии.

Astronomy is the study of space and everything that is in it – the stars, the Moon, the planets and all other amazing things which altogether we call **the Universe.**

Астрономия – это наука о космосе и обо всём, что в нём находится: звезды, планеты и другие удивительные вещи, которые одним словом называются **Вселенная.**

What is the Universe?
Что такое Вселенная?

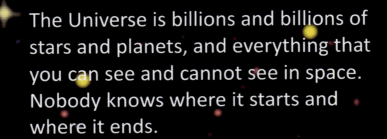

The Universe is billions and billions of stars and planets, and everything that you can see and cannot see in space. Nobody knows where it starts and where it ends.

Вселенная — это миллиарды и миллиарды звёзд и планет, и всего того, что мы можем и не можем увидеть в космосе. Никто не знает, где её начало, и где её конец.

Even the most powerful telescopes can't see its edge, so we can only guess its size. The Universe is so huge that astronomers don't measure distances in space in kilometres. Instead, they use light years.

Даже самые мощные телескопы не видят её края, поэтому мы можем догадываться о её размерах. Вселенная такая огромная, что астрономы не могут измерить её расстояния в километрах. Вместо этого, они используют понятие световых лет.

What is a galaxy?
Что такое галактика?

Galaxies are huge clusters of stars and their solar systems. Each of them can also have millions, or even billions, of stars as well as massive collections of gas and dust.

Галактики – это огромные скопления звёзд и их солнечных систем. Каждая из них может иметь миллионы, или даже миллиарды, звёзд и массивных скоплений газа и пыли.

Our galaxy, where we live, is called the Milky Way because it looks like a stream of milk spilled across the sky. Nobody knows the exact number of stars in our galaxy. We can only say that it is more than several billions. The light from stars takes years to reach us. The farthest stars in our galaxy are more than 100.000 light years away. That's why it is hard to see other galaxies with the naked eye and scientists must use powerful telescopes.

Наша галактика, в которой мы живём, называется Млечный путь, потому что выглядит так, как будто кто-то разлил молоко по небу. Никто не знает точное количество звёзд в нашей галактике. Мы можем только сказать, что их больше нескольких миллиардов. Требуется годы, чтобы свет от звёзд достиг нас. Самые дальние звёзды нашей галактики находятся на расстоянии 100000 световых лет. Поэтому тяжело увидеть и другие галактики невооружённым глазом, и ученые должны использовать для этого мощные телескопы.

What is a Solar System?
Что такое Солнечная Система?

The Solar System is just a tiny piece of the galaxy. The Solar System is a group of objects in space, such as planets, comets, asteroids, meteorites, etc, that move around a central star. The Sun is a central star of our solar system. It is very important to us.

Солнечная система — это всего лишь крохотный кусочек галактики. Солнечная система — это группа космических тел, таких как планеты, кометы, астероиды, метеориты, и т.д., которые вращаются вокруг центральной звезды. Солнце — центральная звезда нашей Солнечной системы. Оно очень важно для нас.

There are 8 planets that orbit around the Sun. They are Mercury, Venus, Earth, Mars, Jupiter, Saturn, Uranus and Neptune. There are also 5 dwarf planets in our solar system. Their names are Ceres, Pluto, Haumea, Makemake and Eris.

Вокруг Солнца вращаются 8 планет. Это Меркурий, Венера, Земля, Марс, Юпитер, Сатурн, Уран и Нептун. Также в нашей Солнечной системе находятся 5 карликовых планет. Их имена: Церера, Плутон, Хаумеа, Макемаке и Эрида (Эрис).

Mercury
Меркурий

Mercury is the first planet in our Solar System and is the closest planet to the Sun. It is also the smallest and the fastest planet that's why Romans named it after their fleet-footed messenger god.

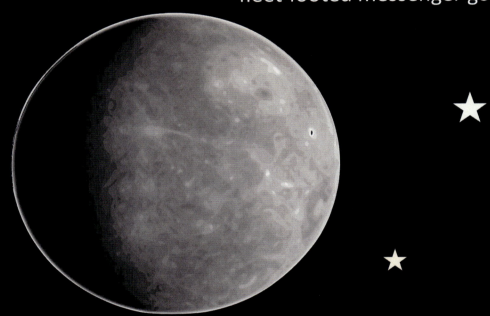

Меркурий — самая первая планета в нашей Солнечной системе и самая близкая планета к Солнцу. Она также самая маленькая и самая быстрая планета, поэтому римляне назвали её в честь быстроногого посланника богов.

The surface of Mercury is covered in big craters from the asteroids that had been bombarding the planet for billions of years.
Did you know that although Mercury is the closest to the Sun, the temperatures drop to -500°C at night and rise up to shocking 400° or above in the day?

Поверхность Меркурия усыпана большими кратерами от астероидов, которые бомбили планету на протяжении миллиардов лет. Знаешь ли ты, что хотя Меркурий ближе всех к Солнцу, его температура может опускаться до - 500°С ночью и днём подниматься до шокирующих 400°и даже выше?

Venus
Венера

Venus is the second planet from the Sun and it is the hottest. It was named after the Roman goddess of love and beauty. Venus is about the same size as Earth and it can be seen as a bright star that comes out early in the morning and late at night. That's why they call it the Morning Star and the Evening Star.

Венера — вторая планета от Солнца и она же самая горячая. Она была названа в честь римской богини любви и красоты. Венера по своему размеру похожа на Землю и на небе её видно как яркую звезду, которая появляется рано утром и поздно вечером. Поэтому её называют «утренней звездой» и «вечерней звездой».

Venus doesn't have any moons or rings. A day on Venus lasts longer than a year. It takes 243 Earth days to rotate once on its axis. The planet's orbit around the Sun takes 225 Earth days.

У Венеры нет лун и колец. День на Венере длится больше года. Чтобы повернуться вокруг своей оси, Венере требуется 243 земных дня. Оборот по орбите планеты занимает 225 земных дней.

The dense clouds of sulfuric acid on Venus are so thick that it is impossible to see its surface and they also make the planet boiling hot because they block the sun's rays inside the planet's atmosphere.

Из-за густых облаков серной кислоты невозможно увидеть поверхность планеты Венера, и они также не пропускают солнечные лучи, что делает её поверхность очень горячей.

Earth
Земля

Earth is the planet where we live and is the only known planet in our solar system to contain life. The Earth was formed approximately 4.6 billion years ago. It is the only planet that has an atmosphere containing 21 percent oxygen which makes it possible for us and other species to breathe.

Земля – планета, на которой мы живем и единственная, пока известная, планета, на которой существует жизнь. Земля сформировалась примерно 4,6 миллиардов лет назад. Это единственная планета с содержанием кислорода в атмосфере в количестве 21 процент, что позволяет нам и другим существам дышать на ней.

There is also water on its surface which is key to life. The Earth has only one satellite which is called the Moon. The Earth takes 365 ¼ days to complete its orbit round the Sun.

Здесь также есть вода на поверхности, и это ключ к жизни. У Земли один спутник, название которого Луна. Земле требуется 365 ¼ суток, чтобы закончить один полный оборот вокруг Солнца.

It is also a rocky planet made up of four layers: crust, mantle, outer core and inner core.

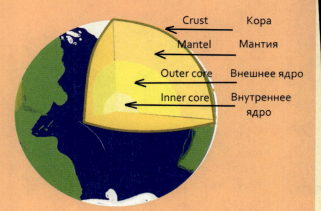

Это также скалистая планета, которая состоит из четырёх слоёв: кора, мантия, внешнее ядро и внутреннее ядро.

Mars
Марс

Mars is the fourth planet from the Sun and is the second smallest planet in the Solar system. It is also called the "Red Planet". It was named after the Roman god of war. It takes about eight months to fly there.

Марс – четвертая планета от Солнца и вторая самая маленькая в нашей Солнечной системе. Её также называют «красной планетой». Она была названа в честь древнеримского бога войны. Чтобы долететь туда, понадобится около восьми месяцев.

For many years, scientists wondered if there is life on Mars. They believe Mars once had lots of water but now only ice can be found there.

На протяжении многих лет ученые интересовались, есть ли жизнь на Марсе. Они полагают, что однажды там была вода и сейчас на ней можно найти лёд.

The surface of Mars is covered with rock and red dust made from iron. Olympus Mons on Mars is the largest mountain in the Solar system, it is 3 times as high as Mount Everest. One day on Mars is 24 hours and 37 minutes, almost the same as on Earth.

Поверхность Марса покрыта скалами и красной пылью, состоящей из железа. Гора Олимп на Марсе — самая высокая гора в Солнечной системе, она в три раза выше горы Эверест. День на Марсе длится 24 часа 37 минут, почти столько же, сколько на Земле.

Jupiter
Юпитер

Jupiter is the fifth planet from the Sun and the largest in the Solar System. It is made primarily of gases that's why it is called a "gas giant". Jupiter was named after god of sky and thunder and the king of the Roman gods.

Юпитер – пятая планета от Солнца и самая большая в Солнечной системе. Она в основном состоит из смеси газов и поэтому её называют «газовым гигантом». Юпитер был назван в честь древнеримского верховного бога-громовержца.

Jupiter has 67 moons orbiting the planet. Io, Europa, Ganymede and Callisto are the most famous ones.

У Юпитера 67 лун. Самые известные из них – это Ио, Европа, Ганимед и Каллисто.

Jupiter has the shortest day of all the planets. It turns on its axis once every 9 hours and 55 minutes.

Юпитер – планета с самым коротким днём, оборот вокруг своей оси длится всего лишь 9 часов 55 минут.

The Great Red Spot is a huge storm on Jupiter. It has raged for at least 350 years. It is so large that it can fit three Earths inside it.

Большое красное пятно – самый большой атмосферный вихрь на Юпитере. Он бушует уже по крайней мере 350 лет. Его размеры настолько велики, что в него могли бы поместиться аж три Земли.

Saturn
Сатурн

Saturn is the sixth planet in the Solar System and the second largest one, after the giant Jupiter. It is by far the most beautiful.
Even though it is a gas giant, it is also the lightest planet.

Сатурн – шестая планета Солнечной системы и вторая по величине после гиганта Юпитера. И, безусловно, самая красивая.
Несмотря на то, что эта планета считается газовым гигантом, она также еще и самая лёгкая по весу.

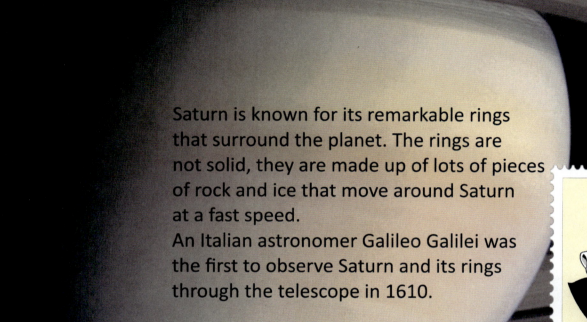

Saturn is known for its remarkable rings that surround the planet. The rings are not solid, they are made up of lots of pieces of rock and ice that move around Saturn at a fast speed.
An Italian astronomer Galileo Galilei was the first to observe Saturn and its rings through the telescope in 1610.

Сатурн известен своими удивительными кольцами, которые окружают планету. Это не сплошные кольца, это скопления огромного количества пыли и льда, которые вращаются вокруг Сатурна с огромной скоростью. Итальянский астроном Галилео Галилей первым наблюдал Сатурн и его кольца в телескоп в 1610 году.

Uranus
Уран

Uranus is the seventh planet from the Sun. It was discovered only in 1781 by Sir William Herschel, therefore nobody knew about it until then.

It was named after the Greek god of the sky. It looks like a blue ball because of the gas methane in its atmosphere. That's why Uranus is called a Gas giant together with Saturn, Jupiter and Neptune.

Уран – седьмая от Солнца планета. Она была открыта сэром Уильямом Гершелем в 1781 году, и до этого времени никто о ней ничего не знал.

Она была названа в честь греческого бога неба Урана. Она похожа на синий мяч из-за газа метана, который находится в атмосфере. Поэтому Уран называют «газовым гигантом» наряду с Сатурном, Юпитером и Нептуном.

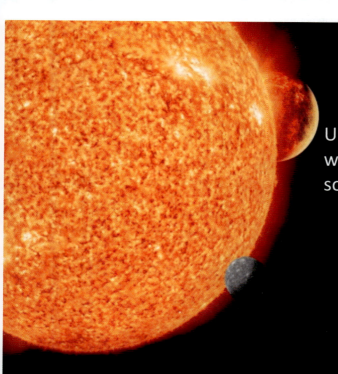

Uranus' mantle consists mostly of icy water. Because of that this planet is sometimes called the Icy Giant.

Мантия Урана в основном состоит из льда. Отсюда и еще одно название – Ледяной гигант.

Uranus is the coldest planet in our Solar System with minimum surface temperature of – 224 degrees Celsius.

Уран – самая холодная планета Солнечной системы, минимальная температура поверхности составляет – 224 градуса по Цельсию.

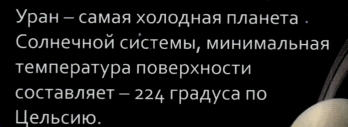

Neptune
Нептун

Neptune is the eighth planet from the Sun and it is also the furthest. Neptune was named after the Roman god of the Sea because of its blue colour created by its atmosphere.

Нептун — восьмая планета от Солнца и также самая дальняя. Она была названа в честь римского бога морей благодаря своей атмосфере, которая окрашена в ярко-синий цвет.

Neptune is an ice giant. Just like Uranus, it has an inner layer of water, ammonia and methane ice.

Нептун — ледяной гигант. Как и Уран, его внутренний слой состоит из водяного, аммиачного и метанового льда.

Neptune has a ring system which are made up of grains of dust and ice particles. The surface of Neptune swirls with huge storms and powerful winds. One large storm was photographed by Voyager 2 in 1989. It was called the Great Dark Spot.

Нептун обладает системой колец, которые состоят из частиц пыли и льда. На поверхности Нептуна вращаются огромные штормы и сильные ветры. Один сильный шторм был сфотографирован с помощью космического аппарата «Вояджер-2» в 1989 году. Ему дали название – Большое Тёмное Пятно.

Pluto
Плутон

Pluto was the smallest and the furthest planet from the Sun in our Solar System up until 2006. After that it was reclassified from a planet to a dwarf planet partly because of its unique orbit around the Sun as well as there are many objects similar to Pluto in and around his orbit.

Плутон до 2006 года считался самой маленькой и самой далёкой планетой в нашей Солнечной системе. Затем его перевели из статуса планеты в статус планеты-карлика, отчасти из-за своей уникальной орбиты вокруг Солнца, а также из-за того, что похожие на Плутон космические объекты движутся по его орбите и вокруг.

Pluto was first seen by use of a telescope in 1930. Like Uranus and Neptune, Pluto can not be seen by the naked eye and its existence was not knows to the ancient world. Because it is so far away from the Sun, it is very cold with temperatures ranging from – 235 Degrees Celsius to – 210 Degrees Celsius.

Плутон впервые был замечен при помощи телескопа в 1930 году. Как и Уран и Нептун, его тяжело увидеть невооружённым взглядом и о его существовании даже не догадывались в древнем мире. Из-за того, что Плутон находится на большом расстоянии от Солнца, его низкие температуры варьируются от -235 до -210 градусов по Цельсию.

The Sun
Солнце

The Sun is a big bright star in the centre of our Solar System. It gives us life on Earth. All the planets in our Solar System orbit around it.
We see it as a large round ball because it is the closest to us than any other stars. It is a great burning ball of gases. It is made of hydrogen and helium. The temperature of the Sun is around 5,600 degrees Celsius, though the temperature of the centre of the Sun is about 15,000,000 degrees Celsius.

Солнце – большая яркая звезда в центре нашей Солнечной системы. Благодаря ей, на Земле есть жизнь. Все планеты нашей Солнечной системы вращаются вокруг неё.
Мы видим Солнце как большой круглый шар, так как эта звезда ближе всего к нам из всех остальных звёзд. Это огромный горящий газовый шар. Он состоит из водорода и гелия. Температура на Солнце примерно около 5600 градусов по Цельсию, хотя температура его центра может достигать 15 000 000 градусов по Цельсию.

The Sun is around 4.6 billion years old. It has burned off around half of its hydrogen and has enough left to continue burning it for another 5 billion years.

Солнцу примерно 4,6 миллиарда лет. Оно уже сожгло половину своего водорода и остальных запасов хватит ещё на следующие 5 миллиардов лет.

Dark areas on the Sun's surface caused by magnetic variations are called sunspots. The atmosphere of the Sun is composed of three layers: the photosphere, the chromosphere, and the corona.

Тёмные пятна на поверхности Солнца, вызванные магнитными колебаниям, так и называются солнечными пятнами.
Атмосфера Солнца состоит из трёх слоёв: фотосфера, хромосфера, солнечная корона.

The Moon
Луна

The Moon is the Earth's only natural satellite. It was formed 4.6 billion years ago. We cannot say for sure how it happened, but it is believed that it could have been due to the Earth's collision with another object during the very early stage of the Solar System formation. You can see the surface of the Moon by using a pair of binoculars or a telescope. It is covered with dead volcanoes, impact craters, which shows that the Moon was volcanically active at some point.

Луна — естественный спутник Земли. Она сформировалась 4,6 миллиарда лет назад. Мы не знаем совершенно точно, как это произошло, но считается, что возможной причиной могло быть столкновение Земли с каким-то объектом на ранней стадии формирования Солнечной системы. Поверхность Луны можно наблюдать в бинокль или телескоп. На ней можно увидеть мёртвые вулканы, кратеры от ударов, что говорит о том, что Луна когда-то была вулканически активна.

The Moon has a sunny side that faces the Earth and a dark side that we never see.
As it rotates round the Earth, we see different phases of the Moon: from a thin crescent to a full moon and back again to a crescent in one month or 29 days, to be exact.
The first person to set foot on the Moon was Neil Armstrong.
The USA's NASA Apollo 11 mission in 1969 was the first manned Moon landing.

У Луны есть солнечная сторона, которая смотрит на Землю и тёмная сторона, которая нам не видна.
Когда Луна вращается вокруг Земли, мы можем наблюдать её фазы - от новолуния до полнолуния и обратно, которые она проходит в течение месяца, или если точнее, за 29 дней.
Первым человеком, ступившим на Луну, был Нейл Армстронг. Полёт американского корабля НАСА «Апполон-11» в 1969 году стал первой высадкой на Луне.

Asteroids
Астероиды

Asteroids are small Solar System bodies that orbit the Sun. They are also called "minor planets". They can have different shapes and sizes. The surface of an asteroid is covered with impact craters.

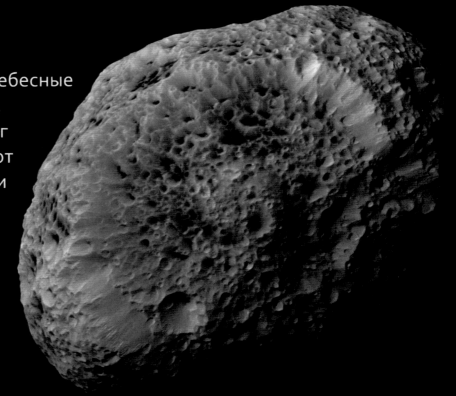

Астероиды — небольшие небесные тела в Солнечной системе, которые вращаются вокруг Солнца. Их также называют «малыми планетами». Они могут быть разными по форме и размерам. Поверхность астероида покрыта ударными кратерами.

The largest asteroid is called Ceres. It's about one-quarter the size of the Moon and orbits the Sun between Mars and Jupiter in a region called the asteroid belt. There are many more other asteroids in that region.
Asteroids are made of metal and rock. Asteroids are similar to comets, but they don't have a visible atmosphere or tail like comets.

Самый большой астероид получил название Церера. Его размеры достигают четверти размера Луны, и он вращается вокруг Солнца между планетами Марс и Юпитер в области, называемой поясом астероидов. Здесь находятся многие другие астероиды.
Астероиды состоят из металла и каменистых пород. Астероиды схожи с кометами, но у них нет светящейся атмосферы или хвоста как у комет.

Comets
Кометы

A comet, like an asteroid, is a small solar system body that orbits the Sun. Unlike the asteroids, which are made from metal and rocky material, comets are made of ice and dust and small rocky particles.

A comet consists of four components: a nucleus, a coma, a dust tail and an ion tail.

Комета, как и астероид, представляет собой небольшое небесное тело в Солнечной системе, которое вращается вокруг Солнца. Только в отличие от астероидов, которые состоят из метала и каменистых пород, кометы состоят из льда, пыли и мелких камней.

Комета состоит из четырёх частей: ядро, атмосфера, пылевой хвост и ионный хвост.

Comets come from two places: the Oort Cloud or the Kupier Belt. These two places are packed with trillion of comets. The Kupier Belt lies inside the Solar System, and the Oort Cloud is outside.

Кометы прилетают из двух разных мест: из облака Оорта и пояса Койпера. Эти два места являются домом для триллиона комет.
Пояс Койпера расположен внутри Солнечной Системы, а облако Оорта за её пределами.

The most famous comet is Halley's Comet. It comes closer to Earth every 75 years. Last time it was here in 1986.

Самая известная комета – это комета Галлея. Она приближается к Земле каждые 75 лет.
В последний раз она пролетала мимо в 1986 году.

Space Travel
Полёты в космос

People have always dreamt of leaving Earth and travelling to space or other worlds. Space travel became reality in the 20th century.

People who fly into space are called astronauts or cosmonauts. We send astronauts into space on space rockets from launch pads from Earth

Люди всегда мечтали о том, чтобы улететь далеко от Земли в космос или даже к другим мирам. Полеты в космос стали реальными в 20-м веке.

Люди, которые летают в космос, называются астронавтами или космонавтами. Мы посылаем астронавтов в космос на космических кораблях со стартовой площадки с Земли.

The first rocket to get into space was the V2 missile.

Первой ракетой, запущенной в космос, стала баллистическая ракета «Фау-2».

Russian cosmonaut Yuri Gagarin was the first person to travel into space. He orbited the Earth aboard the spacecraft Vostok 1 on 12 April 1961.

Yuri Gagarin
Юрий Гагарин

Русский космонавт Юрий Гагарин стал первым человеком в космосе. Он пролетел вокруг Земли на космическом корабле «Восток-1» 12 апреля 1961 года.

Valentina Tereshkova
Валентина Терешкова

The first woman in space was Russian cosmonaut Valentina Tereshkova.

Первой женщиной-космонавтом стала Валентина Терешкова.

Neil Armstrong
Нил Армстронг

On 20 July 1969 Neil Armstrong and Buzz Aldrin became the first men on the Moon. Their spaceship, Apollo 11, landed on the Moon perfectly.

20 июля 1969 года Нил Армстронг и Базз Олдрин стали первыми людьми на Луне. Их корабль, Аполло-11, блестяще приземлился на Луне.

Other books in Bilingual Books For Children series:

В серию "Книги для детей-билингвов" вошли:

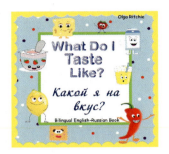 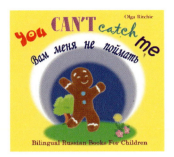 

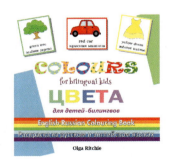  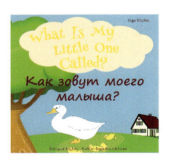

Made in the USA
Middletown, DE
28 November 2024